Jardín de Riḍván

La historia de la fiesta de Riḍván para niños pequeños

Escrito por Alhan Rahimi

Ilustraciones de Alina Onipchenko

Copyright © 2022 de Alhan Rahimi
hello@alhanrahimi.com

ISBN: 978-1-990286-13-1 (Rústica)
ISBN: 978-1-990286-14-8 (Tapa dura)

Escrito por Alhan Rahimi, basado en hechos históricos reales

Ilustraciones de Alina Onipchenko

Tradución al español por Daniel Mantas Nakhai y Julie Iraninejad

Revisión de la versión en español de Aida Abtahizadeh

Todos los derechos reservados en todo el mundo. Ninguna parte de este libro puede ser reproducida, distribuida o transmitida en cualquier forma o por cualquier medio sin el permiso previo por escrito de la autora, excepto en el caso de breves citas plasmadas en reseñas críticas.

Este libro ha sido aprobado por la Asamblea Espiritual Nacional de los Bahá'ís de Canadá

A las personas del mundo que soportan la pandemia global de 2020, 2021

Había una vez un ruiseñor que vivía en un hermoso jardín que tenía muchos árboles preciosos y flores de colores. Le gustaba volar de árbol en árbol, cantando con su encantadora voz...

En este jardín vivo
Riḍván su nombre es
Ojalá que la gente
Supiera lo que es

Un día, este ruiseñor sintió que algo era diferente. Empezó a cantar en voz alta, volando de un lado a otro emocionado. Sus amigos se unieron, cantando y volando con él. El ruiseñor tenía razón. Había un invitado especial que acababa de llegar al jardín...

En este jardín vivo
Riḍván su nombre es
Ojalá que la gente
Supiera lo que es

Este invitado era Bahá'u'lláh. Viajaba desde una ciudad llamada Bagdad hacia otra ciudad lejana llamada Constantinopla. Se detuvo en este jardín que estaba a las afueras de Bagdad, para que la gente que le amaba tuviera la oportunidad de despedirse. Se quedó allí en una tienda de campaña durante doce días.

Bahá'u'lláh experimentó mucha alegría en este lugar. Caminó entre las flores y los árboles mientras los ruiseñores cantaban en lo alto. Nuestro ruiseñor también estaba con ellos...

En este jardín vivo

Riḍván su nombre es

Ojalá que la gente

Supiera lo que es

Cada día, antes del amanecer, los jardineros recogían rosas de las cuatro avenidas del jardín.

Luego esos jardineros apilaban las rosas en el suelo de la tienda de Bahá'u'lláh. El montón crecía tanto que los amigos que venían a visitarle y a tomar el té de la mañana no podían verse a través de él.

Bahá'u'lláh entregaba estas rosas con Sus propias manos a Sus amigos antes de que se marcharan, para que pudieran dárselas a aquellos de Sus amigos que no podían visitarle.

Algunas noches, mientras todos dormían, Bahá'u'lláh iba y venía por los senderos del jardín. Los ruiseñores cantaban tan fuerte que era difícil oír la voz de Bahá'u'lláh.

Fue durante esos días cuando Bahá'u'lláh dijo a la gente que le rodeaba que Él era una Manifestación de Dios. Eso significaba que tenía un mensaje especial de Dios para toda la humanidad.

Al Noveno día, Su familia se unió a Él en el jardín de Riḍván. Se levantaron tiendas para ellos también.

El Duodécimo día, Bahá'u'lláh y Su familia abandonaron el jardín. Montó en un caballo y comenzó Su largo viaje.

Aunque nuestro ruiseñor estaba triste, como todos los demás, porque Bahá'u'lláh se había ido, también estaba feliz de que mucha gente le hubiera conocido. El ruiseñor siguió cantando y cantando...

En este jardín vivo

Riḑván su nombre es

Me alegra que la gente

Ya sepa lo que es

Esos doce días son ahora celebrados por millones de personas en todo el mundo como el Festival de Riḍván.

Referencias:

Revelación de Bahá'u'lláh volumen 1, por Adib Taherzadeh

Libro Ruhi 4

www.ingramcontent.com/pod-product-compliance
Lightning Source LLC
Chambersburg PA
CBHW041404010526
44107CB00015B/1062